商店がい
のお店の仕事

調べてまとめる！

仕事のくふう①

スーパー　パン屋さん　花屋さん　など

監修：岡田博元（お茶の水女子大学附属小学校）

調べてまとめる！

仕事のくふう①
もくじ

この本に出てくるキャラクター　みんなと仕事を見学する3人のなかまだよ。

ハルナ
仕事に使う道具や服、せつびなどを知りたいんだって。

ダイチ
お客さんへの心づかいやサービスにきょうみしんしん！

ユウマ
仕事をしている人のワザに注目しているよ。

この本の使い方

この本では、6つの仕事のくふうをしょうかいしているんだ。
みんなが実さいに見学に行ったり、
調べたりするときに、役に立つポイントがたくさんあるよ。

① 仕事の現場へGO！きみは何に気づくかな？

見学に行った仕事の名前。

ハルナさん、ダイチさん、ユウマさんがそれぞれ知りたいこと。

教えてくれた人やほかのスタッフが、一日の中でどんなことをしているのか、おもなれいをしょうかいするよ。

3人が気づいたこと、ふしぎに思ったことだよ。

② 仕事をしている人へいざしつ問！

知りたいことをもとに、実さいにしつ問をしているよ。

くふうについて、くわしくしょうかいしているよ。

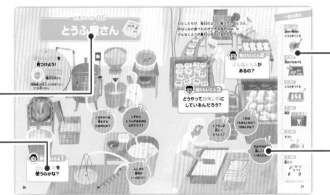

その仕事の中の、ある作業について、それをやりとげるまでの流れだよ。

③ その人ならではのくふうまで聞きだそう！

くふうについてさらにしつ問しているよ。仕事をしている人のこだわりや心がけていることがわかるんだ。

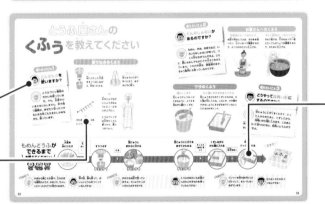

見学したあとの3人の感想だよ。

どんな仕事があるかな？

身のまわりにはどんな仕事があるかな？「仕事マップ」をつくって考えてみよう。

ステップ

① 思いだしてみよう！ まずは、自分のまわりをふりかえってみよう。

ぼくはよく行く
商店がいを中心に
考えてみよう！

家族が買いもの
をするのは？

お店に
知っている人は
いるかな？

自分が
よく行くお店は？

うらがわを
のぞいてみたい仕事は？

にぎわっている
お店はどこ？

入ってみたい
お店は？

ステップ

② 図にしてみよう！ いよいよ「仕事マップ」づくり！
商店がいをまん中にして、どんどん仕事を書きだしていくよ。

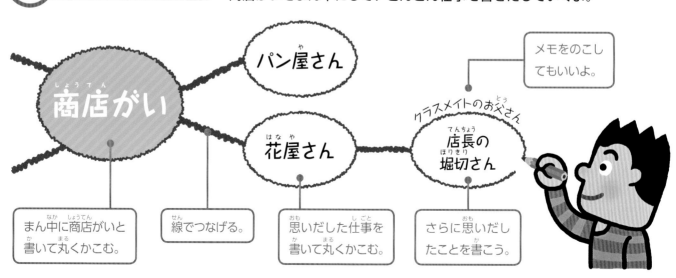

パン屋さん

商店がい

花屋さん

クラスメイトのお父さん

店長の
堀切さん

メモをのこし
てもいいよ。

まん中に商店がいと
書いて丸くかこむ。

線でつなげる。

思いだした仕事を
書いて丸くかこむ。

さらに思いだし
たことを書こう。

4

③ 仕事マップができた！

商店がいを中心に、いろいろな仕事を思いだせたよ！

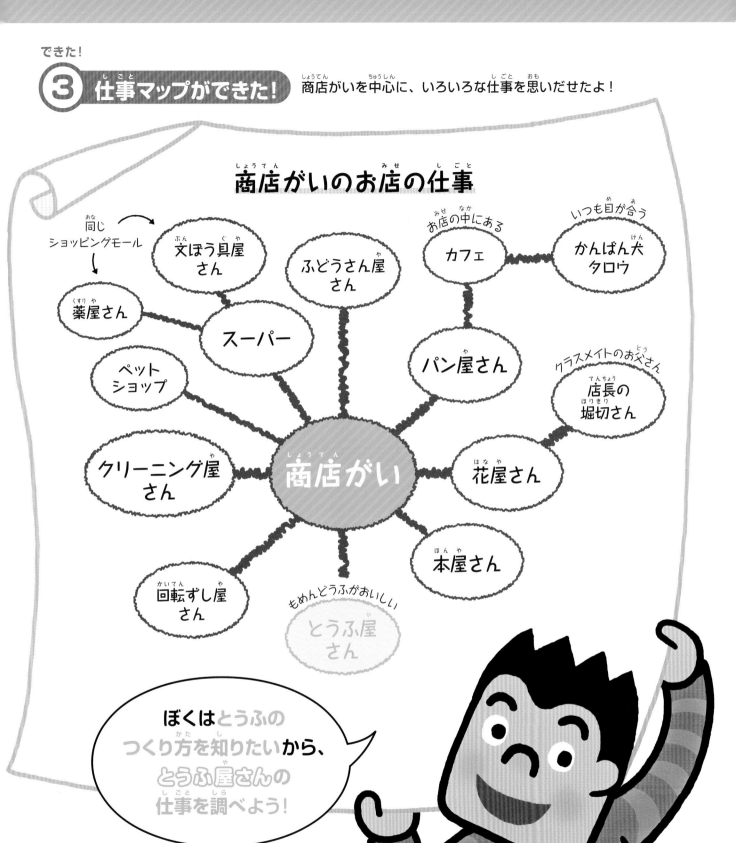

商店がいのお店の仕事

同じ
ショッピングモール

文ぼう具屋さん

ふどうさん屋さん

お店の中にある
カフェ

いつも目が合う
かんばん犬
タロウ

薬屋さん

スーパー

ペット
ショップ

パン屋さん

クラスメイトのお父さん
店長の
堀切さん

クリーニング屋さん

商店がい

花屋さん

回転ずし屋さん

もめんどうふがおいしい
とうふ屋
さん

本屋さん

ぼくはとうふの
つくり方を知りたいから、
とうふ屋さんの
仕事を調べよう！

仕事ファイル 01
スーパー

知りたいことを
見つけよう!

教えてくれるのは
有川かさねさん

「イオンスタイル上麻生」の野さ
いやくだものの売り場の
マネージャー。

これは
なんの道具?

知りたいこと 1

どんなものを
使うのかな?

お店の人だって
すぐにわかるね!

知りたいこと 2

野さいやくだものが
切ってあるのはなぜ?

いろいろな食ざいを売っているスーパー。
野さいやくだものがたくさんならべられている
売り場におじゃましましたよ。

カラフルで
あざやか！

くだものが
入り口に近いのは
なぜ？

知りたいこと3

ならべ方が
気になる！

じっくり
見ているのは
なぜ？

サイズが
いろいろ
あるみたい！

一日の流れ

午前7:00
食ざいの
じゅんび

8:00
食ざいをならべる

9:00
開店

/EON STYLE

12:00
売れ行きをかくにん

午後2:00
追加食ざいの
じゅんび

4:00
売り場に食ざいを
追加

りんご

かたづけておわり！

7

スーパーの
くふうを教えてください

使うもののくふう

どんなものを使いますか？

お客さんが野さいやくだものを、よりえらびやすくするために、そしてよりみりょく的に見せるために、いろいろな道具を用意しています。自分たちで野さいやくだものを切ることも多いので、ほう丁はとくによく使います。

ほう丁
いろいろな野さい、くだものを切るので、さまざまな大きさを用意している。

カボチャカッター
カボチャを切るための専用のカッター。

ハンドラッパー
食品はん売用のラップ。よくのびるので、食品をしっかりつつむことができる。

服
お店のスタッフだとすぐわかるようにせい服を着て、かみの毛などが落ちないように、ぼうしを身につける。

野さいが売り場にならぶまで
を教えてください！

野さいがお店にとどく

チェック1

野さいを加工場へ運ぶ

チェック2

野さいを切る

チェック1

商品の運ぱん専門のスタッフが、店内へ運びます。

仕事を分たんしているんですね。

チェック2

切って売り場に出す野さいは加工場へ。カボチャなどは手ごろなサイズに切ります。

知りたいこと2

切って売っているのはなぜですか？

大きい野さいやくだものは、一人ぐらしの人から「食べきれない」という声をよくいただきます。だから、小さいサイズに切っておくと、お客さんは買いやすくなるようです。売り場にならべるときは、切り口がきれいに見えるように気をつけます。

ワザのくふう

手ごろなサイズにする

野さいやくだものを使いやすいサイズに切る。かわかないようにすぐにラップをかけ、重さなどをはかって、ねだんをつける。

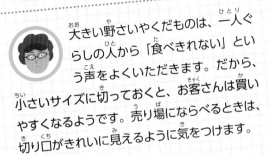

チェックしながらならべる

野さいやくだものは、切り口がみずみずしいかどうかなど、チェックしながら売り場にならべる。

お客さんへのくふう

くだものは入り口の近くに

きせつを感じられるくだものは入り口近くにならべ、楽しい気分で買いものができるようにする。試食コーナーもかならず用意。

色ちがいをならべる

同じ色がならぶと目立たなくなるので、ちがう色の食ざいがとなりになるようにならべ、見た目をはなやかにする。

知りたいこと3

ならべるときのくふうはなんですか？

お客さんにきせつを感じてもらいたいので、きせつごとに出まわるくだものはお店の入り口近くにおいています。いろいろな色がならぶようにして、売り場をはなやかにするのもポイントです。

切った野さいをラップでつつむ  チェック3

ねだんをはる

売り場にならべる

＼できた！／

そのままならべるばかりじゃないんですね！

 チェック3 新せんさをたもつために切り口をラップでつつみます。

 切り口がかわかないようにするんですね！

自分だけの くふうを教えてください

もっと教えて！

お客さんが買いたくなる くふうを教えてください！

食ざいのコーナーに立てる小さな紙の広告「ポップ」をくふうしています。お客さんに知ってもらいたいことを、自分で手書きしています。お客さんの目を引くように絵を入れることもあるし、文字をカラフルにしたり太く大きくしたりして目立つようにすることもあります。

リンゴのしゅるいとその味のちがいがわかるポップ。そばに、切ったリンゴをおき、中のみつを見せている。

大根は、葉の近くと先の細い部分では、味がちがうことをポップでせつめい。

もっと教えて！

トマトがたくさん あるのはなぜですか？

ライバルのお店とのちがいを出すために、たくさんのしゅるいのトマトをおき、お店にとくちょうをつけました。売り場のスタッフたちが食べて、おいしいと思ったしゅるいだけをおいているから、味には自しんがあるんですよ。

お客さんによろこんでもらうためのくふうはありますか？

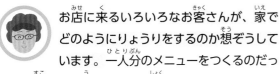

お店に来るいろいろなお客さんが、家でどのようにりょうりをするのか想ぞうしています。一人分のメニューをつくるのだったら、少しずつ売られている食ざいをもとめるだろうし、大人数のメニューだったらそのぎゃくです。一つの野さいでも数や大きさにちがいをつけて、お客さんが自分に合ったものをえらべるようにしています。

気をつけていることはありますか？

食ざいえらびは天気と大きくかかわっています。暑い日はさっぱりしたもの、寒い日は温まるものなどが食べたくなりますよね。だから、朝はもちろん、売り場にいるときも天気予ほうをチェック。お客さんが食べたくなりそうなりょうりを想ぞうして、食ざいをならべています。

寒くなるでしょう……

なべりょうりが食べたくなりそう……

ネギ
白さい
ならべなくちゃ！

思ったこと・考えたこと

手づくりのポップはその人のきもちがつたわってきたよ。自分でポップをつくるとしたら、何をしょうかいしようかな。つくってみたい！

お客さんのさまざまなくらし方に合わせて、食ざいの数や切るサイズを調整しているんだね。買いやすくするくふうがよくわかったよ。

スーパーに入ると、いつも何となくウキウキした気分になっていたけれど、カラフルなくだものを見たからだったのかも！

本屋さん

○○のすすめ

知りたいことを
見つけよう!

教えてくれるのは
笈入建志さん

「往来堂書店」の店長。店長に
なって20年くらい。

すてきな
紙で本を
つつんでいる!

「フェア」って
なんだろう?

レジのそばにも
本がたくさん
あるんだね!

知りたいこと1

どんなものを
使うのかな?

12

さまざまな本と出会える場所、本屋さん。お客さんが
「こんな本が読みたかった！」という本と出会えるように、
本屋さんはくふうをしているよ。見てみよう！

週刊文庫売上
ベスト10

人気じゅんに
ならべている！

知りたいこと2

目立つたなは
何のコーナー？

本とならべて
ある紙は、
何かな？

知りたいこと3

本をおく場所は、
どうやって決めるのかな？

この本だけ
表紙を見せている。
どうしてかな？

一日の流れ

1 午前8:30
ざっしを
ならべる

10:00
開店、配たつ

11:00
本を箱から出す

午後1:00
本の注文

3:00
新かんの
チェック

4:00
せっ客

お店を閉めておわり！

13

本屋さんの
くふうを教えてください

使うもののくふう

どんなものを使いますか？

本のじょうほうをのせたチラシなどを本と合わせて手に取れるようにして、本をより深く楽しめるようにしています。「往来っ子新聞」という手書きのフリーペーパーは2009年から発行していて、今では174号目です。

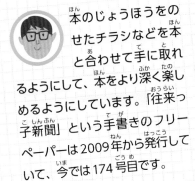

本のチラシ
出版社からとどくもののほか、お店でもつくっている。

ひも切りカッター
本が入った箱を開けるとき、これでひもを切ると中身が切れない。

客注短ざく
店にない本の注文票。お客さんに書いてもらう。

ブックカバー
お店のオリジナルの紙で本をつつんで、ブックカバーに。

服
服がよごれやすいので、エプロンをつける。

立っているか歩いているかなので、動きやすくつかれにくいくつをはく。

注文した本がとどくまでを教えてください！

店にない本は、注文を受ける

客注短ざくに書名などを書いてもらう
チェック1

出版社や「取次」に注文する
チェック2

チェック1

お客さんが書名などをおぼえていないときは、インターネットで調べてかくにんします。

正かくに注文するのが大事なんですね！

チェック2

お店にならべる本も、同じように注文します。「取次」は出版社と本屋の間をつなぐ仕事です。

知りたいこと2

お店イチオシのコーナーを教えてください。

同じテーマの本を集めたフェアやランキングのコーナーをつくって、お店のおすすめや、売れている本をしょうかいしています。「おもしろそう」とお客さんが手をのばしてくれるんですよ。フェアにはお店のこせいが出ますね。

お客さんへのくふう

フェアで本を集めてしょうかい

本屋さんでのフェアとは、同じテーマの本をたなに集めてならべること。合わせてイベントを行うことも。

人気がわかるランキング

毎週、文庫本の売りあげベスト10を発表。目当ての本がなく来たお客さんも楽しめる。

ワザのくふう

「話題の本」は目立つ場所に

本を買うときにかならず行くレジのそばは、本がしぜんに目に入るとく等せき。

表紙を見せて目立たせる

お客さんの目がしぜんにとまるように、背表紙ではなく表紙を見せる。

知りたいこと3

本をおく場所やおき方は、どうやって決めるのですか?

新しく出たばかりの本やテレビなどで話題の本は、レジのそばなどにおいて、お客さんが見つけやすいようにしています。また、背表紙ではなく表紙を見せて、目立つようにならべます。

数日後
本が店にとどく

客注短ざくと合う本をさがす

チェック3

お客さんにれんらくする

\どうぞ!/

「取次」という仕事があるんですね、知らなかった!

チェック3

お店が注文して仕入れたほかの本といっしょにとどくので、まちがえないようによくかくにんします。

にた本が多いから、たいへんですね!

15

自分だけの くふうを教えてください

もっと教えて！

いちばんくふうしていること はなんですか？

本のならべ方をくふうして、本だなを みりょく的にすることです。テーマに つながりがあれば、本とざっし、まん がをならべることも。合わせて読むことで、テー マをより深く楽しめるようにくふうしています。

この本を
おすすめしたい！

このざっしで
○○をとく集
していたな。

○○なら
このまんがも……。

古い本だけど、
合わせて読むと
おもしろいぞ。

へえ〜 こんな本も
あるんだ！

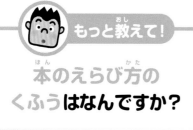

もっと教えて！

本のえらび方の くふうはなんですか？

出版社から送られてくる、新かんのお知
らせをチェックしてえらびますが、何を
何さつ注文するかをくふうしています。
たくさんの本が出る中で、お店におけるのはひとに
ぎりだけ。うちの店のお客さんがもとめているのは
どの本か、よく考えてえらんでいます。

この本はほしがる人が
多そうだから、
多めに注文しておこう。

注意していることはありますか？

ほしい本なかったな～。

せっかく来てくれたお客さんをがっかりさせて帰すのはさけたいですね。うちは大がた店のように本をたくさんおけませんが、お客さんがほしがりそうな本を切らさずにおけるように気を配っています。

どうしてイベントを開くのですか？

この本を書いたきっかけは……。

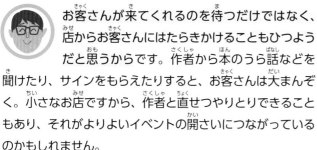

お客さんが来てくれるのを待つだけではなく、店からお客さんにはたらきかけることもひつようだと思うからです。作者から本のうら話などを聞けたり、サインをもらえたりすると、お客さんは大まんぞく。小さなお店ですから、作者と直せつやりとりできることもあり、それがよりよいイベントの開さいにつながっているのかもしれません。

思ったこと・考えたこと

本やチラシなどがたくさんあるのに、どのたなも見やすかったよ。ならべ方がくふうされているからだね。

本屋さんはお客さんに「こんな本がありますよ」とつたえて、本と人の出会いをつくる仕事なんだね。

本をえらんだり、注文したりするのは、せっ客の合間にやるんだって！ 本のことをよく知っているから、すばやくできるんだね。

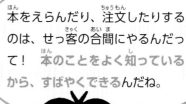

パン屋さん

知りたいことを
見つけよう!

教えてくれるのは
松本喜樹さん
「トーチドットベーカリー」を友人
といっしょにオープン。

知りたいこと1

お客さんが買いたく
なるくふうは?

知りたいこと2

おいしそうなパンの
ひみつが知りたい!

手前のパンは
ごうかだね!

つくっている所が
見えるんだね!

やきたてパンのおいしそうなかおりを
ただよわせている、パン屋さんにもくふうがたくさん！
パンのつくり方やならべ方のくふうなどを教えてもらったよ。

生地を
こねている
みたい！

大きな
オーブン！

どうして
青い手ぶくろ
なのかな？

知りたいこと3

どんなものを
使うのかな？

午前4:00
生地をつくる

5:30
オーブンでやく

7:00
店にならべる

8:00
開店

10:00
食パンを切る

12:00
次の日の
じゅんび

かたづけておわり！

パン屋さんの くふうを教えてください

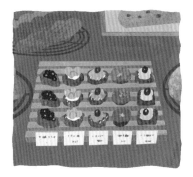

知りたいこと1

お客さんが買いたくなるくふうはなんですか?

パンのしゅるいによって、ならべる場所をかえています。フルーツをのせたような見た目がはなやかなパンは、お客さんの目がとどきやすいように、たなの手前にならべているんです。また、キッチンをガラスばりにしているのはお客さんに安心して買ってもらうためです。

お客さんへのくふう

はなやかなパンは手前に

はなやかなパンは、たなのおくのほうではなく、いちばん目立つ手前におく。お客さんが目でも楽しめるようにしている。

キッチンはガラスばり

お客さんはパンづくりのようすを見られるので、せいけつな所でていねいにつくっていることがわかり安心できる。

パンができるまでを教えてください!

小麦粉や水などのざいりょうを合わせる

チェック1

こねて生地にする

発こうさせる (1回目)

チェック2

小さく切って生地の中のガスをぬく

チェック1 手でこねると力がいるし、時間もかかるため、ミキサーを使っています。

ミキサーにかけている間、ほかの作業もできますね!

チェック2 発こうとは、「きん」が食べものをおいしくかえること。ここでは、「きん」のはたらきでガスが出てくるんですよ。

知りたいこと2

どうやって
おいしいパンを
つくるのですか？

パンのおいしさは生地で決まります。食べたときの「ふっくら感」を出すために、小麦粉と水をミキサーでよくこねます。きかいまかせにせず、生地のじょうたいをこまめにチェックすることも大事です。

ワザのくふう

生地のようすをかくにん

生地のようすは見た目だけではわからないことも。かならず温度計をさして温度をはかり、じょうたいを知るのもポイント。

しっかりこねる

小麦粉と水は、よくこねることでグルテンというねばり成分をつくりだし、やいたときにふっくらする。

グルテン

使うもののくふう

オーブン

4だんあり、一度に多くて100こくらいのパンをやける。やく温度を細かく調整できる。

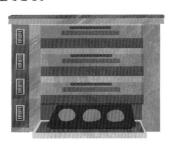

手ぶくろ

生地づくり中に、手ぶくろがやぶれてパンにまざっても、青色の手ぶくろならすぐに気づくことができる。

知りたいこと3

どんなものを
使いますか？

お店ではいろいろなパンをやいて売っているので、一度にたくさんつくれる道具やせつびがひつようです。中でも、大きなオーブンはとても役に立っています。

**発こうさせる
（2回目）**

**手で生地をおさえ
ガスをぬき丸める**

チェック3

**かたに入れて
オーブンでやく**

できた！

「きん」は悪いはたらきをするだけではないんですね！

チェック3
よぶんなガスをぬいたほうが、きめ細かくておいしい生地になるんです。

お客さんにおいしいパンを食べてもらうために、ていねいにつくられているんですね。

21

自分だけの くふうを教えてください

もっと教えて!

パンは なんしゅるい ありますか?

せっかくパン屋に足を運んでくれるのですから、パンを見てえらぶ楽しさをお客さんに味わってもらいたいと思って、たくさん用意しています。いつもつくるパンは70しゅるいくらい! お客さんをあきさせないように、きせつごとに新しいしゅるいもつくっているんですよ。

春げんていの パンが出た!

もっと教えて!

しっぱいをふせぐ くふうを教えてください!

ざいりょうをきちんとはかることです。うちのお店では前日にざいりょうをそろえてはかっておきます。なぜかというと、つくる直前にはかると、あわててまちがえることがあるから。当日にもはかりなおすぐらい、りょうのチェックは大事で、まちがえると食感もかわるし、しっぱいにもつながります。

もっと教えて！

ざいりょうえらびで 気をつけていることは なんですか？

お客さんに安心して食べてもらいたいので、できるかぎり、ていねいに、安全に育てられたざいりょうを使っています。小麦粉、さとう、しおは、日本でつくられたものの中から、つくりたいパンに合うしゅるいをえらんでいます。

パンに合うのは……。

もっと教えて！

お客さんによろこんでもらう ためのくふうはありますか？

お店の中でパンを食べられる「カフェゾーン」を用意しています。ランチタイムには、お店がえらんだ、6しゅるいのパンをもりあわせたセットもあります。お客さんにはいろいろなしゅるいを味わってもらい、自分のこのみに合うパンをどんどん見つけてもらいたいですね。

食べたことが ないパンも あるわ！

思ったこと・考えたこと

キッチンをお客さんに見られるようにすると、スタッフさんたちもせいけつにしようというきもちが、いっそう強くなるんだって。

パンの主なざいりょうは小麦粉と水。シンプルだから、つくる人のうでがパンの味に出やすいそうだよ。

おいしいパンをつくるには、「発こう」がポイントなんだね。日本にはいろいろな「発こう」食品があるって聞いたよ。調べてみようかな。

クリーニング屋さん

知りたいことを
見つけよう！

教えてくれるのは
田村嘉浩さん

90年いじょうつづく「三共クリーニング」の3代目。

せんたくきが
大きい！

たたんだ服と、
ハンガーでつるした
服があるね。

知りたいこと1

いろいろなきかい、
何に使うの？

受けつけで
何を見ている
のかな？

家であらうのがむずかしい服などをあらったり、
しみを取ったりするクリーニング屋さん。
家でのせんたくとは、どんなところがちがうのかな？

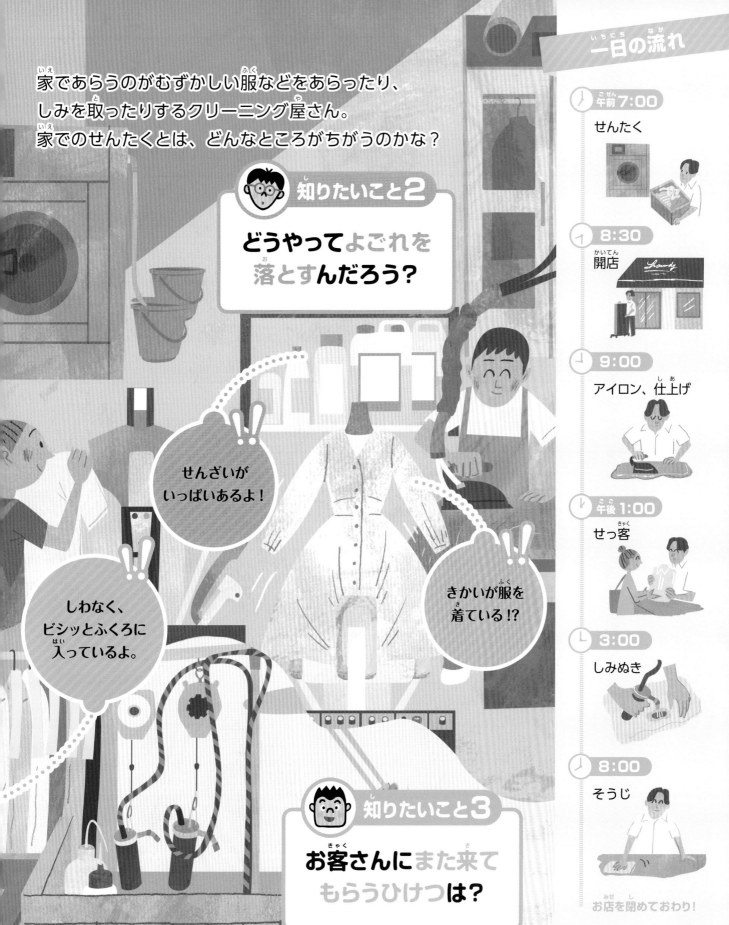

知りたいこと2

どうやってよごれを
落とすんだろう？

せんざいが
いっぱいあるよ！

しわなく、
ビシッとふくろに
入っているよ。

きかいが服を
着ている!?

知りたいこと3

お客さんにまた来て
もらうひけつは？

一日の流れ

午前7:00
せんたく

8:30
開店

9:00
アイロン、仕上げ

午後1:00
せっ客

3:00
しみぬき

8:00
そうじ

お店を閉めておわり！

25

クリーニング屋さんの くふうを教えてください

使うもののくふう

知りたいこと1

使っている きかいについて 教えてください！

あらうもののそざいや形に合わせて、使うきかいをかえています。めんやウールなどのそざいに合ったせんたくきや、服の形に合ったしわ取りができる専用のきかいを使えば、早くきれいに仕上げられます。

せんたくき
水あらい用と、水を使わずにあらうドライクリーニング用。

かんそうき
ハンガーにかけた服を入れ、60〜70度の温度でかわかす。

せんざい
そざいに合わせて使いわけるために、20しゅるいくらい用意。

人体仕上げき
人の形をしたきかいに服を着せて、内がわからねっ風を出すと服がふくらみ、しわがすぐに取れる。Tシャツなどの上もの用やワイシャツ用、ワンピース用がある。

上もの用
（上半身に着る服用）

ワンピース用

ワイシャツのクリーニングを教えてください！

服をあずかる

チェック1

あらう

かわかす

チェック1

まずはせんたく表示をチェック。しみややぶれがないかも、しっかり見てお客さんにつたえます。

プロの目で服をよくたしかめてから、あらうんですね！

チェック2

ワイシャツ用の人体仕上げきやアイロンを使い、しわを取ります。

知りたいこと2

よごれを落とすためのくふうはなんですか?

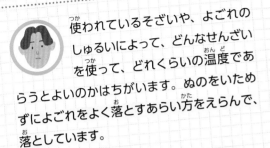

使われているそざいや、よごれのしゅるいによって、どんなせんざいを使って、どれくらいの温度であらうとよいのかはちがいます。ぬのをいためずによごれをよく落とすあらい方をえらんで、落としています。

ワザのくふう

そざいに合わせてあらう

服についているせんたく表示を見て、あらい方をかくにん。せんたく表示に書かれていないそざいが使われていないかもチェック。

よごれに合わせてあらう

あせのよごれなら、水温は体温に近い40度くらいにする。水温を上げすぎるとぬのがいたむので、ちょうどよい温度をえらぶ。

お客さんへのくふう

早く仕上げられる人を育てる

ブラウスなど、服によって形がちがうものは人がアイロンをかけるので時間がかかる。すばやく仕上げられるしょく人を育てている。

仕上げ方をえらんでもらう

あずかるときに、お客さんに服のしまい方に合わせて「たたみ」か「つるし」のどちらで仕上げるか、えらんでもらう。

たたみ

つるし

知りたいこと3

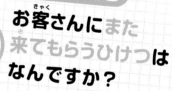

お客さんにまた来てもらうひけつはなんですか?

服はお客さんにとって大切なもの。すぐに着られるように、できるだけ早く返します。また、家に持ってかえった服をそのまましまえるように考えて仕上げています。

しわを取る

チェック2

たたむ

チェック3

ふくろにつめる

＼できた！／

人体仕上げきを使うと、あっという間にしわが取れるんですね！

チェック3

ワイシャツは数が多いので、専用のきかいを使ってたたみます。

早くきれいにたためるきかいがあるなんて、知らなかった！

27

自分だけの くふうを教えてください

もっと教えて！

どうしてネットがたくさんあるんですか？

形をくずさず大事にあらいたいものは、家でもせんたく用ネットに入れてあらいますよね。うちの店では、あらうものの形や大きさ、そざいに合わせて使いわけられるように、形やサイズ、あみの目の細かさのちがうネットを用意しています。たとえば、おり目のついたプリーツスカート用のネットは、スカートを入れてからくるくるとまくんです。こうすると、あらってもおり目がくずれにくいんですよ。

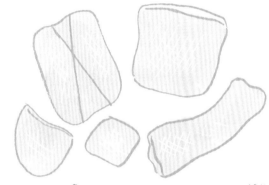

あらうものに合わせて、なんしゅるいものネットを用意。

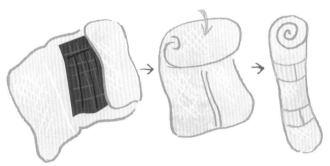

プリーツスカート用のネットは、まいて使う。

もっと教えて！

心がけていることはなんですか？

あずかった服はすぐあらい、すぐかわかすことです。お客さんに早く返したいのはもちろんですが、すぐあらえばその分よごれも落ちやすいんですよ。それに、服をあらってぬれたままおいておくと、「きん」が生まれていやなにおいの元になるんです。「あとでまとめてかわかそう」などとほうっておかずに、あらったらかならず1〜2時間のうちにかわかしています。

28

もっと教えて！

じまんのぎじゅつを教えてください！

よごれを落とすこと、中でもしみぬきに力を入れています。受けつけにしみぬきのきかいをおいているので、お客さんが見ているその場でしみを落とすこともできるんですよ。また、スタッフ全員にしみぬきの知しきとぎじゅつがあるので、お客さんから何か聞かれてもすぐに答えられます。

しみぬきのきかいを受けつけにおいている。目の前でしみを落とせるので、お客さんもよろこぶ。

ここにしょうゆをこぼしてしまって……。

このしみならすぐに落とせますよ！

しみが落ちるか落ちないか、スタッフ全員が見きわめられる。すぐに答えてもらえるから、お客さんは安心できる。

思ったこと・考えたこと

人体仕上げきは、ふわーっと服がふくらんでおもしろかったよ。家にもあったらいいのにね！

クリーニング屋さんの人たちががんばってよごれを落とすところを見ていたら、もっと服を大切にしようと思ったよ！

よごれに合ったせんざいを使えば、しつこいしみもきれいに落ちるんだね。理科の実けんみたいで、おもしろいね！

29

とうふ屋さん

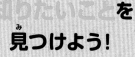
知りたいことを
見つけよう!

教えてくれるのは
滝沢文夫さん

「越後屋」の主人。とうふをつくって35年くらい。

このきかいは
何をする
ためのもの?

くずれた
とうふがあるのは
なぜだろう?

知りたいこと 1

どんなものを
使うのかな?

ふしぎな
道具が
いっぱいだ!

わたしたちが、毎日のように食べているとうふ。
おなじみの食べものができるまでには、
どんなくふうが重ねられているのかな？

知りたいこと2

**どんなとうふが
あるの？**

知りたいこと3

**どうやって四角い形に
しているんだろう？**

エプロンが
長い！
どうして？

これは
「もめん」かな？
「きぬ」かな？

すみずみまで
流しこんで
いるんだね。

一日の流れ

午前1:00
油あげ専用の
とうふをつくる

4:00
油あげをあげる

6:00
とうふをつくる

7:00
開店

10:30
そうじ

11:30
配たつ

越後屋

お店を閉めておわり！

31

とうふ屋さんの くふうを教えてください

使うもののくふう

知りたいこと1

どんなものを使いますか？

とうふづくり専用のきかいを使っています。でも、全部きかいまかせにはしません。手で持つ道具は、まぜたり切ったりするときの手ごたえをたしかめながら、使っています。

グラインダー

水にひたした大豆をすりつぶしながら、水をくわえる。

ワンツー

豆にゅうににがりをくわえて、まぜるときに使う。

は

かたまったとうふを、いっぺんに切る。

服

水がとんでもだいじょうぶなようにビニールせいのエプロン。

とうふづくりでは水をたくさん使うから、長ぐつがべんり。

もめんどうふができるまで を教えてください！

大豆を水にひたす

大豆がふくらむ！

すりつぶす

にる

豆にゅうとおからに分ける

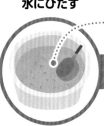

チェック1

チェック2

チェック1

かまから聞こえる音や、立ちのぼる湯気のようす、かおりで、ちゃんとにたったかどうか見きわめます。

耳や目、鼻も使って、おいしいとうふをつくっているんですね！

チェック2

おからもお店で売っていますよ。えいようたっぷりだからおすすめです。

知りたいこと2

どんなしゅるいが あるのですか？

もめん、きぬ、おぼろなど、いろいろなしゅるいがあって、つくり方もちがうんですよ。さらに、同じもめんでもかたさや大きさをかえています。うちのお店は、家庭用のほか、きゅう食用にも売っているからです。

お客さんへのくふう

家庭用はふつうのかたさ

お店で売るとうふは、そのまま食べたり、小さいなべで調理するので、ふつうのかたさに仕上げる。

きゅう食用はしっかりかため

きゅう食では、大きななべで一度にたくさんのりょうを調理するので、かために仕上げる。

ワザのくふう

細かくくずす

豆にゅうがムラなくかたまるように、ようすを見ながら細かくくずす。

かた箱にすみずみまで入れる

豆にゅうをかためてくずしたものは、かた箱の中に入れる。このとき、すき間ができないようにすみずみまでていねいに入れるのがポイント。

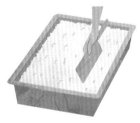

知りたいこと3

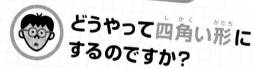

どうやって四角い形に するのですか？

豆にゅうににがりをくわえて、いったんかためたあと、くずしてから、四角いかた箱に入れます。このあと水分をぬいて切りわけると、四角いとうふができるんですよ。

豆にゅうににがりをまぜてかためる

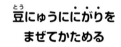

テックス（ぬの）をしく

チェック3

くずしながらかた箱に入れる

水分をぬく

切ってパックに入れる

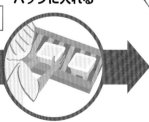

できた！

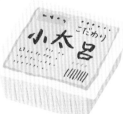

こだわり
小太呂

とうふのほかにもお客さんのもとめるものを売っているんですね！

チェック3

ワンツーを持ちあげたりさげたりして、まんべんなくまぜています。

むらなくかためるコツなんですね！

33

自分だけの
くふうを教えてください

もっと教えて!

おいしいとうふをつくるための
くふうはなんですか?

手づくりにこだわっていることです。きかいにすべてまかせるのではなく、水のりょうやにるときの温度などは、ようすを見たり、音を聞いたり、かおりをかいだり、いつもチェックしています。

気温やしっけなどをたしかめる。

水そうの水に手を入れて、温度をはだで感じる。

大豆がきちんとふやけているか、指でちぎってチェック。

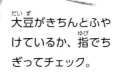

湯気の立つ音などを聞く。

もっと教えて!

よく使う道具は
ありますか?

もめんどうふの名前の由来は、もめんというそざいでできた、ぬの。このぬのを使って、水をぬくからです。ただ、もめんだとかた箱のすみにしわがよることがあるので、わたしはしわができない「テックス」というぬのを使っています。

テックス

かた箱にぴったりのサイズのテックスを使うと、べんりで作業も速い。

お客さんによろこばれるくふうを教えてください!

お店を長くやっているので、昔からのなじみのお客さんが多くいます。「味、かわったね」「おいしかったよ」などと感想を教えてくれるので、その感想をさんこうにして、とうふづくりにはげんでいます。

とうふ屋さんのじまんの商品はなんですか?

とうふはもちろんですが、ほかには油あげです。油あげは専用のとうふをうすく切って、しっかり水分をぬいてあげてつくります。あげると2倍くらいにふくらむのですが、とうふのでき具合によってはふくらまないことも。油あげがおいしくできあがるのは、とうふのできがよいしるしなのです。

思ったこと・考えたこと

とうふをつくる所は、とてもきれいだったよ。せいけつなかんきょうづくりも大事な仕事の一つなんだって。

とうふづくりがうまくなるコツは、たくさんのけいけんなんだって。今でもいろいろとためしながら、つくっているそうだよ。

夜中からつくりはじめるのは、昔、朝ごはんのざいりょうとしてとうふを買いに来るお客さんが多かった名ごりでもあるそう。昔からよく食べられているんだね。

仕事ファイル06

花屋さん

知りたいこと を 見つけよう!

教えてくれるのは

堀切 実さん

「大花園」の主人。80年いじょう
つづく花屋さんの3代目。

知りたいこと 1

お客さんはどうして
足をとめたのかな?

??
クリスマス用
かな?

??
ひくい所に
おいているのは
なぜだろう?

いつもきれいな花がいっぱいならんでいる花屋さん。
花をできるだけ長くきれいにたもつために、
また、多くのお客さんに花を楽しんでもらうために
いろいろなくふうをしているよ。

ピンセット!?
何に使う
のかな？

何をして
いるのかな？

文ぼう具の
はさみとちがう
みたい！

知りたいこと2

どんなものを
使うのかな？

知りたいこと3

花を生き生き
させるひみつは？

一日の流れ

午前5:00
花専用の市場を
見てまわる

7:00
花を買う

9:00
買った花を店へ運ぶ

9:30
花を手入れする

10:00
開店

午後4:00
次の日の仕入れを
かくにんする

お店を閉めておわり！

花屋さんの
くふうを教えてください

知りたいこと1

お客さんの足をとめるためにどんなことをしていますか?

お店の前を通った人が、目や足をとめるきっかけになるように、きせつや行事を感じられる商品のおき方を心がけています。お子さんにも来てほしいので、たなのひくい所には、お子さんが楽しめるものをおいていますよ。

お客さんへのくふう

きせつ感のあるならべ方
花のよさの一つは、見ているだけできせつを感じられること。道路がわなどの見やすい所に、これからのきせつや、さらに先のきせつの花をおく。

目線を考える
子どものひくい目線に合わせて、子どもがきょうみをもちそうなものはひくいたなにおく。

花たばができるまで
\ を教えてください! /

花たばの注文を受ける

お客さんのリクエストをくわしく聞く

チェック1

デザインを考え花をえらぶ

チェック1
プレゼント用なら、どんな人に、何のためにおくるのかなどを聞きます。

「明日の母のおたん生会のためです」とかを聞きだすんですね。

チェック2
ラッピングする前に、えらんだ花を見てもらい、これでいいかをかくにんします。

どんなものを使いますか?

いろいろなしゅるいのはさみをもっています。いつでも取りだせるように、こしのケースに入れて身につけているんですよ。切るえだの太さなどでも使いわけています。細かい仕上げをするときは、ピンセットがとても役に立ちます。

使うもののくふう

はさみ
よく使う、太めのえだを切るときの鉄ばさみ。

ピンセット
ピンセットは花の向きを直すなど細かい仕上げ用。

服
はさみはよく使うので、ケースに入れて、こしにつけている。

ゆかがタイルで、水も使うので、すべりにくい運動ぐつがよい。

ワザのくふう

「水あげ」する
くきの先を切り、水をすいやすくすること。よりたくさんすえるように、くきはななめに切ることが多い。

水をかえる
花がかれてしまうのはおもに「きん」のせい。「きん」が多く出ないように水をよく取りかえる。

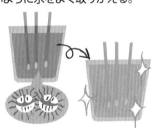

どうやって生き生きさせていますか?

花の"けんこう"をまもるようにしています。市場で買った花のようすをよく見て、水分が足りなければ水を多くすうように「水あげ」という手入れをしたり、いたむ前に水を取りかえたりしています。

えらんだ花をかくにんしてもらう

チェック2

花たばにする前のじゅんびをする

チェック3

花をたばねてラッピングする

\ できた! /

お客さんもどんな花たばになるか、想ぞうできますね。

チェック3

たとえば、ガーベラはくきがおれやすい花なので、テープをまきます。

そんなうらワザがあるんですね!

39

自分だけの くふうを教えてください

もっと教えて！

80年もお店をつづけられる ひけつはなんですか？

地元のお客さんといいかんけいをきずくことです。わたしの祖父や父の代からおつきあいのあるお客さんも多くいますし、その家族のおいわいごとに花の注文を受けることもあります。配たつでおいわいのシーンに立ちあえると「花屋をやっていてよかった」と思いますよ。

おとどけ ものです！

みんなでたのんで おいたんだ。

ありがとう！

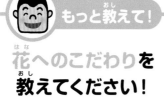

もっと教えて！

花へのこだわりを 教えてください！

きれいで元気な花を市場でえらぶことを心がけています。よい花を仕入れるために、週3回いじょうはかならず市場へ行きます。また、よい花をつくる花農家を知るために、花屋どうしのじょうほう交かんを大事にしています。

プレゼント用の花たばをつくるコツはなんですか？

お客さんとの会話を大事にします。どのような相手にわたすのか、何のためか、わたす場面、予算、すきな色など、くわしく聞きます。「よろこんでもらえた！」と言って、お客さんがまた買いに来てくれるとうれしいですね。

だれに？
年は？
女の人？
どんなときに？
予算は？
すきな色は？

花を長く楽しんでもらうためのくふうはありますか？

お店では、かならず花を水あげして、そのあとも水をひんぱんにかえるようにしているので、お客さんにも同じようにアドバイスします。また、花のえいようになる「活せいざい」もわたしているので、ぜひ使ってほしいですね。

思ったこと・考えたこと

おいわいごとに花はかかせないよね。花屋さんは、お客さんのおいわいの場面にかかわれる、すてきな仕事だってわかったよ。

きれいな花に毎日かこまれるなんてあこがれる！　でも、実さいはバケツの重い水を運ぶなどの力仕事が毎日あって、たいへんなこともあるんだって。

お店にならぶ花は市場でえらばれたものなんだね。花だけを売る市場があるって知らなかった。ほかにもどんな市場があるのか調べてみよう。

文章を組みたてて
ほうこくする文章をつくろう!

ダイチさんは「仕事のくふう」を見つけるために、下調べしてからとうふ屋さんへ行ったよ。
見学のあと、どうやってほうこくする文章をつくるのか、いっしょに見てみよう!

ステップ1

とうふ屋さんを見学したよ!

ダイチさんはどんなことを教えてもらったのかな?

見学に行く前に

こんなことを調べておいたよ!

●とうふのしゅるいは?
もめんどうふやきぬどうふの
ほかにもあるようだ。

●つくり方は?
きかいでつくるほうほうと
手でつくるほうほうが
あるみたい……。

メモや写真を
たくさんとったよ。

●とうふのしゅるい
もめん／きぬ／おぼろ／やき
★油あげは専用のとうふを
うすく切ってあげる。

●とうふのつくり方
①大豆を水にひたしてすりつぶす。
②にてしぼり、豆にゅうにする。
③豆にゅうをにがりで
　かためてくずす。
④かたに流しいれてかためる。
⑤切りわける。

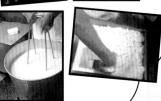

メモに
どんなことを
書いたか見せて!

ダイチさんのメモは下のようになっていたよ。
これを読みなおしたダイチさんは、みんなにつたえたい
「わかったこと」を（1）（2）（3）と3つ見つけたよ！

ダイチさんのメモ

メモチェック1

とうふのしゅるい

もめん／きぬ／おぼろ／やき
油あげは専用のとうふを
うすく切ってあげる。

とうふのつくり方

①大豆を水にひたしてすりつぶす。
②にてしぼり、豆にゅうにする。
③豆にゅうをにがりでかためてくずす。
④かたに流し入れてかためる。
⑤切りわける。

メモチェック2

とうふづくりのコツ

・豆にゅうをかためてからくずすときに、
　手で感しょくをたしかめる。

・かたに流すときは
　すみずみまでていねいに入れる。 ──── **わかった
こと(1)**

・気温や水温、しっけなどを
　たしかめて、水にひたす時間を調整する。

メモチェック3

とうふはどこへ？

・お店で売る。

・スーパーへおろす。

・きゅう食用に学校へおろす。

ポイント

きゅう食では、大きななべで一度にたく
さんのとうふを調理するので、かたく仕
上げる（くずれにくくするため）。 ──── **わかった
こと(2)**

ここからどうやって
文章を組みたてれば
いいんだろう？

まとまりに分ければ
\ いいんじゃない？ /

ダイチさんが
一番つたえたいことを
\ 文章に入れたらどう？ /

メモチェック4

インタビュー ──── **わかった
こと(3)**

★お店に来るお客さんの声が大事！
味のことについて、よく感想を言っても
らっている。

★油あげがじまん。
お店の"売り"になる商品をつくりたかった。

ステップ 3

組みたてを
たしかめよう!

つたえたいことを 4 つのまとまりに
分けて組みたてたよ。調べた理由や
ほうほうを思いだしたり、メモの
「わかったこと」を見たりしながらつくったよ。

クラスのみんなに
わかりやすくつたわる
ようにするぞ!

まとまり

調べた理由　　なぜ調べようと思ったのかな?
　　　　　　　　　そのきっかけはなんだろう?

> 夕ごはんのとき、お母さんからとうふのざいりょうが大豆だと聞いて
> びっくり。「大豆がどうやったらとうふになるのかな?」と思った。

まとまり

調べ方　　　実さいに仕事をしている人に会ったり、仕事をしている
　　　　　　　ようすを見たりしたかな?　本やインターネットでも調べたかな?

> お母さんがよく行くとうふ屋さんへ見学に行った。
> 図書館で大豆の本を調べてみた。

まとまり
③ **調べてわかったこと**　　メモから取りだした 3 つの「わかったこと」を
　　　　　　　　　　　　　　それぞれ文章に組みたててみよう。

わかったこと(1)	**わかったこと(2)**	**わかったこと(3)**
かたにすみずみまで流すのがとうふづくりのコツ。	きゅう食用のとうふはかためにつくっている。	お店に来るお客さんが滝沢さんに感想を言うことがある。

考えたこと(1)	**考えたこと(2)**	**考えたこと(3)**
きちんと流さないと、味も見た目も悪くなるみたいだ。	調理するときにくずれないようにしているんだ。	滝沢さんはその感想を生かして、とうふづくりをがんばっているようだ。

まとまり

まとめ　　「わかったこと」「考えたこと」から
　　　　　　自分が一番言いたいことを書いてみよう。

> 味のくふうだけじゃなくて、とうふを使う人の調理の
> しやすさも考えられているなんてすごい。ふだん食
> べなれているものでも、意外なくふうがあるのかも!

こんなふうに
まとまりに分かれて
いるとわかりやすい!

とうふ屋さんのとうふづくりのくふう

田島 大地

1. 調べた理由

① ぼくの家族はとうふが大すきで、テーブルにとうふりょうりがよくならびます。この前、母から「とうふのざいりょうは大豆だ」と聞いておどろきました。どうやって大豆がとうふになるのか、知りたくなりました。

2. 調べ方

まとまりごとに見出しをつけたよ。

② いつも母がとうふを買っている「越後屋」というお店に行き、とうふをつくるようすを見学させてもらいました。ご主人の滝沢さんに話をうかがいました。
図書館でも大豆の本を調べてみました。

3. 調べてわかったこと

（1）とうふのつくり方

とうふをかた箱に入れているときの写真を使ったよ！

ぼくがとうふのつくり方でとくにおどろいたのは、かたにうつすときです。滝沢さんは四角いかたのすみずみにまでいきわたるように、目でしっかりかくにんしながらていねいにとうふをうつしていました。

きちんと流さないと、すき間だらけのとうふになるそうです。それでは味も見た目もよくないとうふになってしまいます。

（2）きゅう食用のとうふについて

③ 滝沢さんがつくったとうふは、お店で売るほかに、スーパーへおろしたり、きゅう食用に使われたりしています。きゅう食用のとうふは少しかために なるようにつくっています。きゅう食は大きななべでたくさんのとうふを調理するので、そのときくずれないようにするためだそうです。
調理のしやすさを考えて、滝沢さんはつくり方をいつもくふうしているのでしょう。

わかったことと考えたことは段落を分けたよ！

（3）お店のよさ

滝沢さんはお店を開いて35年になります。長い間、通いつめてくれる近所のお客さんもいて、滝沢さんはお客さんとせっきょく的にお話しするようにしています。それは、お客さんから感想を教えてもらえることがあるからです。「味がかわったね。」「前よりおいしくなった。」などと言われることもあるそうです。

具体的なれいを入れた！

滝沢さんは、その感想を生かして、よりおいしいとうふづくりにチャレンジしているのだと思います。

4. まとめ

④ とうふのつくり方を知って、つくる人のくふうがたくさんつまっていることを感じました。味だけでなく、調理のしやすさも考えられていることにおどろきました。ほかの食べものでも、同じようなくふうがあるのか、調べてみようと思います。

できた！

しつ問のポイント！

見学先の人にしつ問するとき、わかりやすいれいや理由などの
具体的なお話を聞きだすポイントをしょうかいするよ。
大人と話すときの言葉づかいも、気をつけてみよう。

花屋さんでチャレンジ！

わかりやすいれい
を聞きだそう！

プレゼント用の花たば
はどうやってつくるんで
すか？

お客さんに、プレゼント
する相手のことを聞い
て、それに合わせるよ。

ポイント！
想ぞうしにくいときは「たとえ
ば？」などと聞いて、れいを聞
きだそう。

たとえば、どんなふうに
聞くんですか？

「相手の方はどれくらい
のお年ですか？」「おた
ん生日用ですか？」など
のように聞くよ。

👍 **これでできた！**

れいを教えてもらうと
わかりやすいね！

本屋さんでチャレンジ！

理由
を聞きだそう！

どんな本が人気なんで
すか？

地元にまつわる本が人
気なんですよ。地元の
本だけを集めたたなも
あります。

ポイント！
理由やほうほうがわからない
ときは「なぜ？」「どうやって？」
などと聞いてみよう。

なぜ、地元の本が人気
なんですか？

お店がある町は、古く
から住んでいる人が多
く、「町のれきしなどを
もっと知りたい」とい
うお客さんが多く来る
からです。

👍 **これでできた！**

理由がわかると
「なるほど！」って思えるね！

パン屋さんでチャレンジ！

具体的な数
を聞きだそう！

毎日、パンをやいてい
るんですか？

そうだね。朝からたく
さんやくよ。しゅるいもい
ろいろあるからたいへ
んなんだ。

ポイント！
数やりょうなどは、具体的に「○
○こ」や「○○キログラム」な
どを教えてもらおう。

1日にどれくらいの数の
パンをやくんですか？
また、しゅるいはいくつ
くらいあるのですか？

1日700こくらいのパン
をやくよ。しゅるいは
70しゅるいくらいかな。

👍 **これでできた！**

具体的な数があると
想ぞうしやすい！

さくいん

監修 岡田博元
（お茶の水女子大学附属小学校）

千葉県生まれ。文教大学教育学部
初等教育課程、埼玉大学大学院教
育学研究科を修了。専門は国語科
教育学、臨床教育学。国語教科書
編集委員（光村図書）。

イラスト	ハラアツシ
キャラクターイラスト	仲田まりこ
デザイン	山﨑まりな (chocolate.)
編　集	西野 泉、豊島杏実、久保緋菜乃（ウィル）、 平山祐子、小園まさみ
校　正	文字工房燦光
取材協力	イオンリテール、往来堂書店、 トーチドットベーカリー、三共クリーニング、 越後屋、大花園

＊この本のイラストは、実さいの店やしせつのようすと、ちがう場合があります。

調べてまとめる! 仕事のくふう①

スーパー・パン屋さん・花屋さんなど 商店がいのお店の仕事

発　行	2020年4月　第1刷 2023年2月　第2刷
監　修	岡田博元（お茶の水女子大学附属小学校）
発行者	千葉 均
編　集	片岡陽子
発行所	株式会社ポプラ社 〒102-8519　東京都千代田区麹町4-2-6 ホームページ　www.poplar.co.jp
印刷・製本	図書印刷株式会社

ISBN 978-4-591-16537-9　N.D.C.375　47p　27cm　Printed in Japan

調べてまとめる！

仕事のくふう

全5巻

監修：岡田博元（お茶の水女子大学附属小学校）

1巻 スーパー・パン屋さん・花屋さん など
商店がいのお店の仕事　N.D.C. 375

2巻 パティシエ・えいようし・農家 など
食べものをつくる・売る仕事　N.D.C. 375

3巻 医者・じゅう医・消ぼうかん など
いのちをまもる仕事　N.D.C. 375

4巻 ホテルスタッフ・美ようし・洋服屋さん など
楽しいくらしをつくる仕事　N.D.C. 375

5巻 バス運転し・大工・電気工事作業員 など
くらしをべんりにする仕事　N.D.C. 375

小学校低学年〜中学年向き
各 47 ページ
AB 判　オールカラー

図書館用特別堅牢製本図書

ポプラ社はチャイルドラインを応援しています

18さいまでの子どもがかけるでんわ
チャイルドライン®
0120-99-7777
毎日午後4時〜午後9時 ※12/29〜1/3はお休み
電話代はかかりません 携帯（スマホ）OK

チャット相談は
こちらから